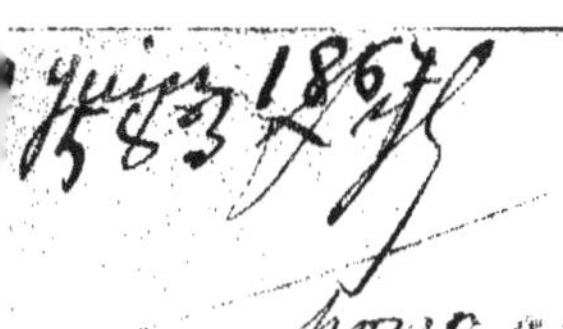

CATALOGUE

DE

TABLEAUX

MODERNES

ET DE QUELQUES

AQUARELLES & SÉPIAS

dont la vente aux enchères publiques aura lieu

HOTEL DROUOT, SALLE N° 5

Le Vendredi 21 Juin 1867

A TROIS HEURES PRÉCISES

Par le ministère de Mᵉ **ESCRIBE**, Commissaire-Priseur,
rue Saint-Honoré, 217,

Assisté de M. **DHIOS**, Expert, rue Le Peletier, 33,

Chez lesquels se distribue le présent Catalogue.

EXPOSITION PUBLIQUE

Le Jeudi 20 Juin 1867, de' une heure à cinq heures.

PARIS

RENOU & MAULDE

IMPRIMEURS DE LA COMPAGNIE DES COMMISSAIRES-PRISEURS
Rue de Rivoli, 144.

1867

EXEMPLAIRE DE DHIOS

CATALOGUE

DE

TABLEAUX

MODERNES

ET DE QUELQUES

AQUARELLES & SÉPIAS

dont la vente aux enchères publiques aura lieu

HOTEL DROUOT, SALLE N° 5

Le Vendredi 21 Juin 1867

A TROIS HEURES PRÉCISES

Par le ministère de M° **ESCRIBE,** Commissaire-Priseur,
rue Saint-Honoré, 217,

Assisté de M. **DHIOS,** Expert, rue Le Peletier, 33,

Chez lesquels se distribue le présent Catalogue.

EXPOSITION PUBLIQUE

Le Jeudi 20 Juin 1867, de une heure à cinq heures.

PARIS

RENOU & MAULDE

IMPRIMEURS DE LA COMPAGNIE DES COMMISSAIRES-PRISEURS
Rue de Rivoli, 144.

1867

CONDITIONS DE LA VENTE

Elle sera faite au comptant.

Les Acquéreurs paieront CINQ POUR CENT en sus du prix d'adjudication.

DÉSIGNATION

DES

TABLEAUX

BARON (H.)

1 — Femme italienne près d'une source, donnant à boire à un enfant.

Bois. — H. 34 c. L. 24 c.

BARON (H.)

2 — Causerie d'un page à une bergère.

Bois. — H. 31 c. L. 24 c.

BELLANGÉ (H. 1827)

3 — Le Dragon et la Vivandière.

Sépia.)

H. 16 c. L. 13 c.

CHAPLIN (Ch.)

4 — Le Soulier de bal.

Toile. — H. 45 c. L. 28 c.

CHAPLIN (Ch.)

5 — L'Oiseau envolé.

Toile. — H. 45 c. L. 28 c.

COROT

6 — Paysage avec bestiaux au pâturage.

Toile. — H. 36 c. L. 45 c.

DAUBIGNY. 1859

7 — Paysage, passage du bac sur la Marne.

Bois. — H. 36 c. L. 65 c.

DAUMIER

8 — Avant l'Audience.

(Aquarelle.)

H. 15 c. L. 19 c.

DECAMPS

9 — Chasseurs à l'affût.

(Aquarelle.)

Bois. — H. 20 c. L. 25 c.

DECAMPS

10 — Chiens bassets au repos.

(Sépia.)

H. 20 c. H. 22 c.

DIAZ (N.)

1 — Clairière d'un bois à Fontainebleau.

Bois. — H. 42 c. L. 64 c.

DIAZ (N.)

12 — Dessous de bois à Fontainebleau.

Bois. — H. 18 c. L. 27 c.

DIAZ (N.)

13 — La Madeleine repentante.

Bois. — H. 20 c. L. 16 c.

DUPRÉ (Jules)

14 — Paysage avec vaches près d'une mare.

Bois. — H. 30 c. L. 41 c.

FAUVELET

15 — Buveur de bière fumant.

Bois. — H. 16 c. L. 12 c.

GUDIN. 1864

16 — Marine avec bateau-pêcheur ; effet de soleil levant.

Toile. — H. 30 c. L. 42 c.

GUDIN. 1827

17 — Marine.

Sépia.

H. 16 c. L. 25 c.

ISABEY. 1863

18 — Village de pêcheurs, côtes de Bretagne.

Bois. — H. 39 c. L. 55 c.

ISABEY (E. 1862)

19 — Plage normande.

Bois. — H. 18 c. L. 24 c.

JACQUE (CH.)

20 — Intérieur de poulailler.

Bois. — H. 09 c. L. 17 c.

JONGKIND (J.-B.)

21 — Canal hollandais dans l'intérieur d'une ville.

Toile. — H. 58 c. L. 43 c.

JONGKIND (J.-B. 1863)

22 — Marine, légère brise.

Toile. — H. 33 c. L. 41 c.

LAMBINET (E.)

23 — Bords de la Marne.

Bois. — H. 21 c. L. 32 c.

MELIN (J. 1856)

24 — Chiens courants mangeant.

Toile. — H. 31 c. L. 42 c.

NOTERMAN (Z.)

25 — Chiens gardant du gibier.

Bois. — H. 39 c. L. 50 c.

RICARD (G.)

26 — Jeune Femme en rêverie.

Toile ovale. — H. 54 c. L. 44 c.

TROYON (C.)

27 — Deux Vaches au pâturage.

Bois. — H. 27 c. L. 35 c.

TROYON (C.)

28 — Paysage avec moulin ; coucher de soleil.

Bois. — H. 22 c. L. 27 c.

ZIEM (Félix)

29 — Vue de Venise : la Dogana prise du grand canal.

Bois. — H. 26 c. L. 38 c.

Renou et Maulde, imprimeurs de la Compagnie des Commissaires-Priseurs,
ru de Rivoli, 144   3790